# Tu cuerpo maravilloso

# Orejas

por Imogen Kingsley

Bullfrog Books

# Ideas para padres y maestros

Bullfrog Books permite a los niños practicar la lectura de texto informacional desde el nivel principiante. Repeticiones, palabras conocidas y descripciones en las imágenes ayudan a los lectores principiantes.

## Antes de leer

- Hablen acerca de las fotografías. ¿Qué representan para ellos?

- Consulten juntos el glosario de fotografías. Lean las palabras y hablen de ellas.

## Durante la lectura

- Hojeen el libro y observen las fotografías. Deje que el niño haga preguntas. Muestre las descripciones en las imgáenes.

- Lea el libro al niño, o deje que él o ella lo lea independientemente.

## Después de leer

- Anime a que el niño piense más. Pregúntele: ¿Qué sonidos te gusta escuchar? ¿Qué sonidos son los que menos te gustan?

Bullfrog Books are published by Jump!
5357 Penn Avenue South
Minneapolis, MN 55419
www.jumplibrary.com

Library of Congress Cataloging-in-Publication Data

Names: Kingsley, Imogen, author.
Title: Orejas / por Imogen Kingsley.
Other titles: Ears. Spanish
Description: Minneapolis, MN: Jump!, Inc., [2018]
Series: Tu cuerpo maravilloso
"Bullfrog Books are published by Jump!"
Audience: Ages 5–8. | Audience: K to grade 3.
Includes index.
Identifiers: LCCN 2017002900 (print)
LCCN 2017004781 (ebook)
ISBN 9781620318188 (hardcover: alk. paper)
ISBN 9781624966408 (ebook)
Subjects: LCSH: Ear—Juvenile literature.
Hearing—Juvenile literature.
Classification: LCC QP462.2 .K564518 2018 (print)
LCC QP462.2 (ebook) | DDC 612.8/5—dc23
LC record available at https://lccn.loc.gov/2017002900

Editor: Jenny Fretland VanVoorst
Book Designer: Molly Ballanger
Photo Researcher: Molly Ballanger
Translator: RAM Translations

Photo Credits: Getty: lisagagne, 16–17. iStock: nycshooter, 6–7; Jose Girarte, 8–9; pepifoto, 12–13. Shutterstock: Celig, cover; naluwan, 1; Axel Alvarez, 3; John Panella, 4, 5; Aquila, 5; Phichai, 5; saisnaps, 5; DiversityStudio, 10; maradon 333, 10; talitha _ it, 11; motorolka, 12–13; Netta07, 12–13; Africa Studio, 14–15, 20–21; Bangkokhappiness, 14–15; espies, 14–15; Patrick Foto, 14–15; Picsfive, 14–15; RTImages, 14–15; Sedova Elena, 14–15; Tobik, 14–15; Viorel Sima, 14–15; Noam Armonn, 18; Andy Dean Photography, 19; India House, 19; alexandre zveiger, 20–21; La Gorda, 22; Napat, 23bl; Aedka Studio, 24. Thinkstock: monkeybusinessimages, 6–7.

Printed in the United States of America at Corporate Graphics in North Mankato, Minnesota.

# Tabla de contenido

# ¡Escucha!

Un rayo.

¡Pum!

Kit escucha un trueno.

Es muy ruidoso.

Tapona sus oídos.

¡Un bocinazo!

Mei escucha el autobús.

Ella corre hacia él.

Los oídos nos ayudan.
¿Cómo funcionan?

El oído está compuesto
de tres partes.

El oído externo, la oreja,
es la parte visible.

oído
externo

ondas de sonido

Funciona como un embudo.
Recoge las ondas de sonido.

11

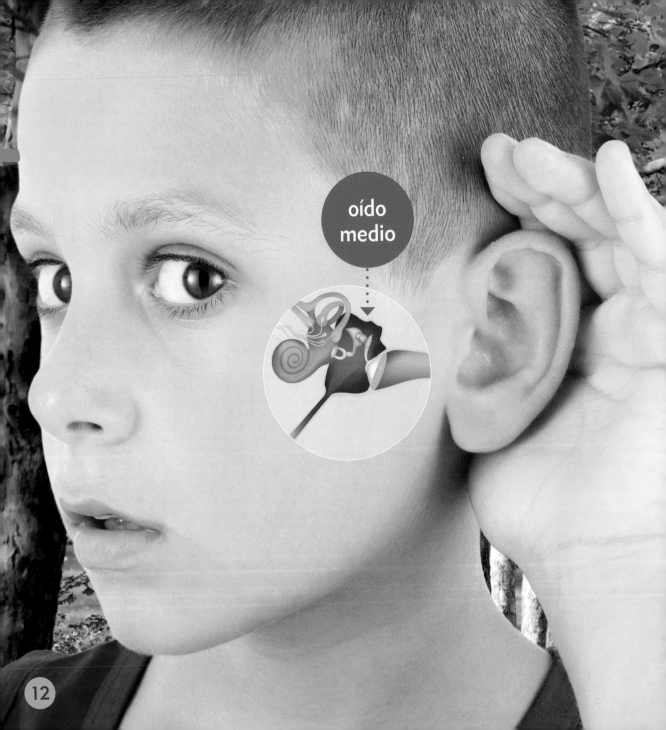

oído
medio

Le sigue el oído medio.
Transforma las
ondas sonoras
en vibraciones.

Por último, el oído interno.

Manda los sonidos
al cerebro.

Todo esto ocurre
muy rápido.

oído
interno

15

¿Cuándo utilizas
tus oídos?

En la escuela.

En casa.

Escucha.

¿Qué puedes escuchar?

¡Los oídos son asombrosos!

# Las partes del oído

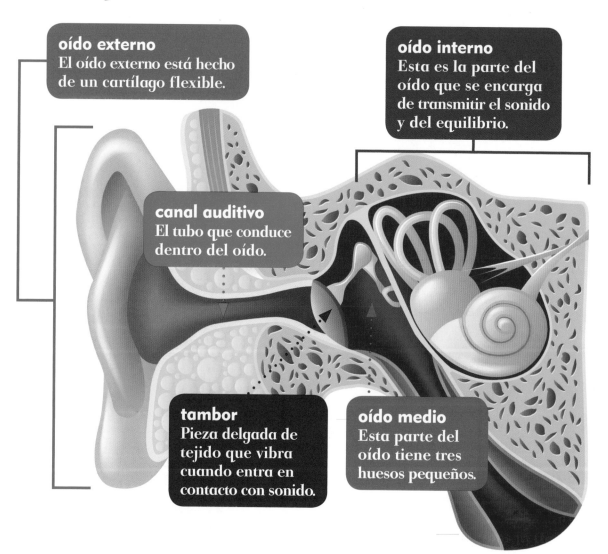

**oído externo**
El oído externo está hecho de un cartílago flexible.

**oído interno**
Esta es la parte del oído que se encarga de transmitir el sonido y del equilibrio.

**canal auditivo**
El tubo que conduce dentro del oído.

**tambor**
Pieza delgada de tejido que vibra cuando entra en contacto con sonido.

**oído medio**
Esta parte del oído tiene tres huesos pequeños.

# Glosario con fotografías

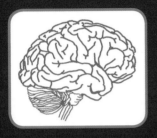

**cerebro**
El "centro de mensajes" de tu cuerpo.

**ondas de sonido**
Ondas invisibles que están hechas de sonido; viajan en el aire.

**embudo**
Tubo hueco que ayuda a canalitar algo.

**vibraciones**
Varios movimientos pequeños que se mueven de un lado a otro muy rápido.

# Índice

# Para aprender más

Aprender más es tan fácil como 1, 2, 3.

1) Visite www.factsurfer.com

2) Escriba "orejas" en la caja de búsqueda.

3) Haga clic en el botón "Surf" para obtener una lista de sitios web.

Con factsurfer.com, más información está a solo un clic de distancia.